Claus Rech

Die Grafschaft Manderscheid und ihre Erträge um 1780

Quellen

zur Eifeler Geschichte

Reihe A, Band 5

Claus Rech

Die Grafschaft Manderscheid und ihre Erträge um 1780

Edition einer Aufstellung der sternberg-manderscheidischen

Verwaltung

IMPRESSUM

Bibliografische Information der Deutschen Nationalbibliothek:
Die Deutsche Nationalbibliothek verzeichnet diese Publikation
in der Deutschen Nationalbibliografie; detaillierte bibliografische
Daten sind im Internet über http://dnb.dnb.de abrufbar.

© 2016 Claus Rech

Cover: Ralf Wolf, Jülich (www.autorenservice.de)

Herstellung und Verlag:

BoD – Books on Demand, Norderstedt

ISBN: 978-3-7412-7448-0

Inhalt

Einleitung 7

Das Ertragsverzeichnis der Grafschaft Manderscheid 8

    Gräfin Augusta von Sternberg-Manderscheid 8

    Die Grafschaft Manderscheid 10

    Die wirtschaftlichen Verhältnisse in der Grafschaft 12

    Der Inhalt der Manderscheider Aufstellung 13

    Die Einnahmen 14

    Die Ausgaben 15

    Der Gesamtertrag 16

Quellenüberlieferung und Editionsgrundsätze 17

Quellentexte 19

    Edition der Aufstellung von 1781 19

    Edition des „Status Generalis" 23

    Edition der Umrechnungsliste für Münzen und Maße 24

Glossar 26

Zeittafel 32

    Die Dynasten der Stammgrafschaft Manderscheid im 18. Jahrhundert 32

Anmerkungen 33

Nachweise 37
    Quellen 37
    Literatur 37
    Abbildungen 39

Einleitung

Auf einem steilen Felsen hoch über der Lieser errichtet, ist die Manderscheider Niederburg bis heute ein imposantes Zeugnis früherer Zeiten. Sie ist die Stammburg des Manderscheider Grafenhauses. Von hier aus erlangten die Herren und späteren Grafen von Manderscheid seit dem Mittelalter die Herrschaft über weite Teile der Süd- und der Zentraleifel. Die Ruinen der Burg lassen noch erahnen, dass in ihren mächtigen Gemäuern einst das Gebiet der Stammgrafschaft des Hauses Manderscheid mit seinen zahlreichen Einzelbesitzungen regiert wurde. Gleichzeitig war die Burg der Ort, zu dem die Untertanen kamen, um alljährlich ihre Abgaben an die Grafen zu entrichten. Abgeliefert wurden meist Getreide, Gemüse, Nutztiere sowie Wein von der Mosel. Das geschah über Jahrhunderte bis in die Regierungszeit der Reichsgräfin Augusta von Sternberg-Manderscheid, die die Geschicke der manderscheidischen Besitzungen in der Zeit von 1780 bis 1794 lenkte.

Nur wenige Monate nach ihrem Regierungsbeginn ordnete Gräfin Augusta an, dass in jeder ihrer Eifelherrschaften ein Ertragsverzeichnis angefertigt werden solle. Auf diese Weise ließ sie seit dem Frühjahr 1781 die Einkünfte ebenso wie die Ausgaben in ihren Besitzungen erfassen, also auch in der Grafschaft Manderscheid. Der in Manderscheid angefertigte „Status" der Einkünfte und Ausgaben hat sich bis heute erhalten und bietet interessante Einblicke in die Wirtschaftsführung des Grafenhauses gegen Ende des Alten Reiches.

Die 1781 erstellten Ertragsaufstellungen dienten der Zentralverwaltung in Blankenheim dazu, sich ein umfassendes Bild über die ökonomische Lage der einzelnen gräflichen Besitzungen zu machen. Das Ziel war es, den durchschnittlichen Reingewinn zu bestimmen, den das Herrscherhaus alljährlich erwirtschafte. Die gräfliche Verwaltung sollte anhand der gesammelten Daten in die Lage versetzt werden, die lokalen Ressourcen in Zukunft besser zu nutzen. Die Ertragswerte flossen am Ende in eine Gesamtübersicht ein, die in Blankenheim unter der Bezeichnung „Status generalis" erstellt wurde. Dieser Gesamt-„Status" listet die Erträge sämtlicher Eifeler Territorien des Hauses Sternberg-Manderscheid auf.

Die vorliegende Darstellung präsentiert die Manderscheider Aufstellung von 1781 erstmals in einer Edition. Die einleitenden Kapitel erläutern zunächst den weiteren Hintergrund, vor dem die Abfassung der Ertragsaufstellungen stattfand. Zum Vergleich werden nach der Präsentation der Manderscheider Liste dann auch die Blankenheimer Gesamtaufstellung und eine zeitgenössische Liste mit den Münzsorten und Maßen wiedergegeben, die in den sternberg-manderscheidischen Gebieten gebräuchlich waren. Im Anschluss an die Edition der Quellen befindet sich eine Erklärung der heute nicht mehr oder nur schwer verständlichen Begriffe.

Vorab ist ferner anzumerken, dass sich die Bezeichnung „Grafschaft Manderscheid" in der vorliegenden Darstellung in erster Linie auf das Territorium der Grafschaft (Nieder-)Manderscheid bezieht, das auch heute noch oft als „die Grafschaft" bezeichnet wird. In dem Gebiet lagen die Orte Eckfeld, Niedermanderscheid, Laufeld, Oberöfflingen, Pantenburg, Schladt und Wallscheid sowie der Hof Dierfeld (1).

Das Ertragsverzeichnis der Grafschaft Manderscheid

Um das Manderscheider Ertragsverzeichnis in seinen geschichtlichen Kontext einzuordnen, widmen sich die folgenden Ausführungen zunächst der Initiatorin der Übersicht, Gräfin Augusta von Sternberg-Manderscheid, sowie den territorialgeschichtlichen und wirtschaftlichen Verhältnissen um das Jahr 1780. Ebenso erfolgt eine inhaltliche Auswertung des Quellentextes. Dabei soll vor allem der Frage nachgegangen werden, wie sich die Manderscheider Einkünfte des Grafenhauses zusammensetzten und welchen Anteil die Reinerträge aus der Grafschaft an den Eifeler Gesamteinkünften des Hauses Sternberg-Manderscheid hatten.

Gräfin Augusta von Sternberg-Manderscheid

Der Übergang der manderscheidischen Territorien an Gräfin Augusta von Sternberg-Manderscheid war einer der ausschlaggebenden Gründe für die Abfassung des Ertragsverzeichnisses von 1781. Das Dokument entstand ein Jahr nach dem Regierungsbeginn der Gräfin, und seine Niederschrift reiht sich ein in eine Reihe von Maßnahmen, die die Gräfin gleich zu Beginn ihrer Regierungszeit ergriff, um ihre Güter besser zu bewirtschaften.

Augusta hatte am Ende des Jahres 1780 die Erbfolge in den manderscheidischen Territorien angetreten und war die letzte regierende Gräfin aus dem Hause Manderscheid. Als Tochter des bereits 1772 verstorbenen Grafen Johann Wilhelm von

Manderscheid-Blankenheim hatte sie die Regierungsgeschäfte von dessen Bruder bzw. ihrem Onkel, dem Grafen Franz Joseph von Manderscheid-Blankenheim, übernommen. Er war im Dezember 1780 kinderlos verstorben (2).

Zu den Gebieten der Gräfin gehörten reichsunmittelbare Territorien, in denen sie alleinige Landesherrin war, sowie landsässige bzw. mittelbare Gebiete, in denen die Gräfin Lehensträgerin benachbarter Landesherren war. Zu den „mittelbaren" Gebieten zählte auch die im Herzogtum Luxemburg gelegene Herrschaft (Nieder-)Manderscheid.

Die Regierungsübernahme der Gräfin Augusta war 1780 in der Grafschaft Manderscheid nicht ohne Schwierigkeiten vonstattengegangen. In Niedermanderscheid hätte ihre Regierung mit einem Besitzergreifungsakt und einer Huldigung beginnen sollen, die für den 9. Dezember 1780 anberaumt waren und zu denen sich auch die Schöffen und Haushaltsvorstände aus der Grafschaft wie geplant versammelten. Doch die Untertanen verweigerten dann vor dem anwesenden Oberkailer Rentmeister Komp den Schwur des Huldigungseides, den dieser im Auftrag der Gräfin hätte entgegennehmen sollen. Die gräflichen Untertanen begründeten ihren Schritt damit, dass die Vorgänger der Gräfin sie massiv in ihren alten Rechten beschnitten hätten. Tatsächlich waren in Luxemburg mehrere Prozesse anhängig, in denen es um die Holzberechtigungen der Dörfer aus der Grafschaft ging, die den Einwohnern den freien und kostenlosen Bezug von Bau- und Brennholz sicherten. Erst zwei Tage nach der Zusammenkunft in Niedermanderscheid entsandten die Bewohner der Grafschaft eine Abordnung nach Oberkail, dem Wohnort Komps, mit dem Auftrag, die Herrschaft der neuen Gräfin anzuerkennen und darüber eine notarielle Niederschrift anfertigen zu lassen (3).

Augusta war mit dem Grafen Christian von Sternberg verheiratet, der aus einem alten böhmischen Adelsgeschlecht stammte. Das gräfliche Paar hielt sich während des Jahres zum Teil in Blankenheim, ansonsten jedoch meist im Kölner Stadthof auf. Nach der Erbfolge in den manderscheidischen Territorien nannte sich Augustas Familie „von Sternberg-Manderscheid". Graf Christian von Sternberg erscheint als Mitunterzeichner auf zahlreichen Dokumenten (4).

Die gräfliche Familie regierte die Manderscheider Besitzungen bis 1794, dem Jahr, in dem die französischen Truppen in die Gebiete links des Rheins einrückten und diese besetzten. Bedingt durch diese Ereignisse, floh die Familie auf die ererbten Besitzungen des Ehegatten in Böhmen. Beim Reichsdeputationshauptschluss des Jahres 1803 wurde das Grafenhaus für die reichsunmittelbaren Güter links des Rheins mit dem Gebiet der früheren Reichsabteien Weißenau und Schussenried in Schwaben entschädigt (5).

Im Jahr 1814 erfolgte dagegen eine Rückerstattung von Vermögenswerten an den Grafen Franz von Sternberg-Manderscheid, den Sohn Augustas. Dies betraf unter anderem auch Güter in der vormaligen Grafschaft Manderscheid. Bei den zurückgegebenen Immobilien handelte es sich um Gebäude, Ländereien und Wälder, die unter französischer Herrschaft nicht verkauft worden waren. Die Rückübertragung früherer Besitzungen erfolgte links des Rheins in Gebieten, die bis zum Jahre 1794 landsässig gewesen waren (6).

Die Grafschaft Manderscheid

Die Stammgrafschaft Manderscheid gehörte im 18. Jahrhundert zu den Südeifeler Besitzungen des Grafenhauses und unterstand gleichzeitig der luxemburgischen Landeshoheit. Das Herzogtum Luxemburg war wiederum ein Teil der österreichischen Niederlande. Zusammen mit der Herrschaft Oberkail bildete die Grafschaft den Kern des alten manderscheidischen Familienbesitzes. Bis 1762 war sie im Besitz der in Kail ansässigen Linie des Grafenhauses gewesen. Nach dem Tod der letzten Kailer Gräfin ging sie aufgrund eines Erbvertrages an das Haus Manderscheid-Blankenheim über. Die Grafschaft Manderscheid hatte – ebenso wie die Herrschaft Kronenburg – innerhalb Luxemburgs einen Sonderstatus als „freies Land". Das bedeutete, dass die Grafen Sonderrechte besaßen und die Befugnisse der Zentralregierung der Österreichischen Niederlande zur Steuererhebung lange Zeit eingeschränkt waren (7).

In der Grafschaft Manderscheid, die sich mit der Pfarrei Laufeld deckte, gab es in der Mitte der 1770er Jahre 38 Haushaltungen. Als luxemburgische Enklave war die Grafschaft von kurtrierischem Gebiet umgeben. Die Lieser bildete seit jeher die westliche Begrenzung des Gebietes. Das Flüsschen trat im Winter und bei starken Regenfällen regelmäßig über die Ufer und überschwemmte die anliegenden Flächen. Berge und Höhenrücken erschwerten die Passierbarkeit der Grafschaft. Zwar war das Gebiet durch Wege und Pfade erschlossen, deren Zustand war jedoch im Allgemeinen schlecht (8).

Die eingangs genannten Orte der Grafschaft Manderscheid bildeten einen Hochgerichtsbezirk, in dem die niedere, mittlere und hohe Gerichtsbarkeit in der Hand der Grafen lag. Innerhalb dieses Hochgerichtsgebietes lagen auch der Neuhof und die Schladter Mühle.

Der nahe Eckfeld gelegene Wald Hilscheid war ein gebietsrechtlicher Sonderfall. Er gehörte zwar ebenfalls zur Grafschaft, wurde aber nach 1780 von der Trierer Lehnkammer als „heimgefallenes" Lehen beansprucht. Er war im Mittelalter als Teil der Besitzungen der Herren von Daun an das Haus Manderscheid gelangt. Ein Prozess, den das Grafenhaus in der Folge wegen der Hoheitsrechte über den Wald in Wetzlar führte, war 1794 noch nicht entscheiden.

Von Niedermanderscheid aus wurden aber nicht nur die sieben Orte der Stammgrafschaft, sondern auch weitere auswärtige Besitzungen verwaltet. Sie werden in der Ertragsaufstellung als in die Grafschaft „einschlagende" Orte bezeichnet. In den betreffenden Orten hatten die Grafen oftmals grundherrliche Rechte. In den jährlich erstellten herrschaftlichen Rechnungen betrachtete man die betreffenden Dörfer und Einzelhöfe üblicherweise als Teile der Grafschaft. Dies galt für das Dorf Schutz, wo das Grafenhaus einen Hof besaß, die Dörfer Stadtfeld, Flußbach und Dorf, die manderscheidischen Höfe des Dorfes Hasborn, das ansonsten reichsritterschaftlich war, und die Hälfte des Dorfes Lüxem. Ferner bezog das Haus Sternberg-Manderscheid ein Drittel der Abgaben aus den Dörfern der Herrschaft Bettenfeld-Meerfeld, zu der auch der östlich der Salm gelegene Teil des Eisenhüttenstandorts Eisenschmitt gehörte. Außerdem besaß das Grafenhaus Weingüter in Reil und Neef, deren Erträge ebenfalls in Manderscheid abgeliefert wurden.

Im Jahre 1781 war der Oberkailer Rentmeister Komp für die lokale Verwaltung und die Einziehung der von den Untertanen zu entrichtenden Abgaben zuständig. Er ist auch der Verfasser der nachfolgend edierten Aufstellung. Rentmeister Komp war mit der Erstellung der Übersicht von seiner Herrin, Gräfin Augusta von Sternberg-Manderscheid, in einer Anweisung im April 1781 beauftragt worden (9).

In Niedermanderscheid wurden die Grundabgaben zunächst von einem sogenannten Einnehmer gesammelt. Dieser lieferte sie später beim Rentmeister ab. Auch die Geldzahlungen wurden in den Burgort entrichtet. Neben der Ablieferung der Naturalien und Gelder waren die Untertanen der Grafschaft Manderscheid zu Frondiensten verpflichtet, die zum Beispiel in der Anlieferung von Holz zur Burg Niedermanderscheid bestanden (10).

Die wirtschaftlichen Verhältnisse in der Grafschaft

Für das unter luxemburgischer Landeshoheit stehende Gebiet der Grafschaft Manderscheid lassen sich anhand von Landesbeschreibungen, die von der österreichisch-niederländischen Regierung erstellt worden waren, genauere Aussagen zu den wirtschaftlichen Verhältnissen in den letzten Jahrzehnten des Alten Reiches machen. Bei diesen Erhebungen handelt es sich um die im Jahre 1764 erstellte Gewerbestatistik und die Beschreibungen zur sogenannten Ferraris-Karte von 1777. Sie liefern Informationen zur Geographie, der Land- und Forstwirtschaft sowie zur Gewerbetätigkeit. Besonders detailliert sind die Erläuterungen, die sich auf die beiden Kartenblätter mit den Hauptorten Eckfeld und Laufeld beziehen (11).

Wie das Grafenhaus hatte auch die österreichisch-niederländische Verwaltung ein Interesse an einer Steigerung der Erträge in ihren Gebieten. Im Agrarbereich geschah dies beispielsweise durch die Trockenlegung von Sümpfen und die Kultivierung von Ödland. Vor allem das Steueraufkommen sollte durch Verbesserungen in Landwirtschaft und Gewerbe gesteigert werden.

Die Grafschaft Manderscheid war überwiegend landwirtschaftlich geprägt. Ihre Böden waren überwiegend steinig und in den Tallagen feucht. In der Beschreibung zur Ferraris-Karte wird berichtet, dass man in Eckfeld Roggen, Hafer, Buchweizen und Kartoffeln anbaute; die Wiesen erbrachten keine großen Erträge, aber das dortige Heu galt als ausgezeichnet. In Laufeld erntete man Weizen, Roggen, Gerste, Hafer und Kartoffeln. Die dortigen Wiesen produzierten zum Teil Heu der besseren Art, zum Teil waren sie lediglich Weideflächen. In beiden Orten waren Brachezeiten von neun bis zehn Jahren üblich, bevor die Flächen wieder bebaut wurden. Die Ernten, heißt es, hätten den Nahrungsbedarf der Einwohner dennoch auch während der Brachezeiten gedeckt. Über Laufeld berichtet die Beschreibung, dass die Tierhaltung verbreitet war und mit Nutztieren gehandelt wurde (12).

Die Bauernhöfe der sieben Gemeinden der Stammgrafschaft waren Schaftgüter. Für sie galt das Anerbenrecht. Sie wurden ausschließlich an das älteste Kind vererbt, und ihre Bewohner waren leibeigen. Dagegen waren der Neuhof, der vom Grafenhaus verpachtet wurde, und das Hofgut Dierfeld, das vom Grafenhaus als Lehen vergeben wurde, nach damaligen Verhältnissen agrarische Großbetriebe. Zahlreiche Bauern der Grafschaft betätigten sich zudem in der nebengewerblichen Herstellung von Pottasche. Das Salz wurde als Düngemittel verwendet. An Gewerbe gab es außerdem mehrere in Niedermanderscheid ansässige Tuchwebereien (13).

Da sich in der Grafschaft ausgedehnte Waldgebiete befanden, hatte die Forstwirtschaft eine große Bedeutung. Fast alle Wälder des Gebiets befanden sich im Besitz des Grafenhauses. Die Kartenbeschreibung berichtet, dass die Waldungen aus Nieder-, Mittel- und Hochwäldern bestanden.

In ihnen wuchsen Eichen, Buchen und Weißbuchen, deren Holz man als Brenn- und Bauholz verwendete. Der Hauptabnehmer des Holzes war jedoch die regionale Eisenindustrie. Köhler verarbeiteten einen Großteil des Rohstoffs zu Holzkohle für die Verhüttung. Ein Teil des Holzes dürfte ferner als sogenanntes Holländerholz in die Niederlande an dortige Großabnehmer verkauft worden sein (14).

Der Inhalt der Manderscheider Aufstellung

Die Einkünfte aus der Land- und Forstwirtschaft sind auch der Hauptgegenstand in der Ertragsübersicht, die 1781 im Auftrag der Gräfin Augusta von Sternberg-Manderscheid für die Grafschaft Manderscheid erstellt wurde. Die Wirtschaftsführung des gräflichen Hauses stand insgesamt auf dem Prüfstand, und noch bis zum Ende des Alten Reiches wurden zahlreiche Maßnahmen ergriffen, um die gräflichen Erträge zu steigern. Die Abfassung des Ertragsverzeichnisses erfolgte, wie bereits erwähnt, nach Vorgaben der Blankenheimer Zentrale, von wo aus die Arbeiten an den Tabellen für die einzelnen Herrschaften koordiniert wurden.

Der vollständige Titel der Manderscheider Aufstellung lautet: „Status aller rhenten und gefellen, forth alliger ausgaben der grafschaft Manderscheid und einschlagender Orthschafften." Mit Renten und Gefällen sind die Grundabgaben gemeint, die von den Untertanen an das Grafenhaus zu entrichten waren. Wenn es sich um Naturalien handelte, wurde in der Aufstellung der Geldwert berechnet.

Die ermittelten Gelderlöse werden in Reichstaler, Albus und Heller angegeben. Ein Reichstaler wurde zu 54 Albus berechnet. In der Quelle werden die Währungseinheiten meist mit „rhr.", „als." und „hr." abgekürzt. Für die Naturaleinnahmen werden die Hohlmaße Malter, Sester und Faß gebraucht. Sie wurden in der Quelle mit "mald." und „str." abgekürzt. Ein Malter entsprach 12 Sestern. Für die Berechnung des durchschnittlichen Ertrages der Grafschaft wurden die Daten der letzten elf Jahre zugrunde gelegt (15).

Die Übersicht von 1781 ist in zwei Teile gegliedert. Der erste Teil gibt sämtliche Einkünfte wieder, die in der Grafschaft Manderscheid anfielen, und der zweite beschreibt die Ausgaben und Kosten. Zu den Einkünften gehörten zunächst der „Cameral Empfang" an Getreide und die Geldzahlungen sowie der „Forst Empfang" mit den Einnahmen aus der Forstwirtschaft. In der Aufstellung addieren sich diese Posten zur „Summa alliegen Empfangs".

Die Einnahmen

Das Ertragsverzeichnis nennt als erstes den Wert der von den Untertanen abgelieferten Naturalien (vgl. S. 290r der edierten Originalquelle). An Getreide wurden in der Grafschaft Manderscheid in der Regel Korn, d.h. Roggen, und Hafer abgeliefert. Der Begriff „Schrimpf" wird wiederholt bei den Getreideeinnahmen verwendet. Er bezeichnet den Schwund, der während eines Jahres beim angelieferten Getreide auftreten konnte.

Die eigentlichen Geldeinnahmen, die dann unter der Rubrik „Empfang geld" genannt werden, stammten zum großen Teil von den Pachtzahlungen, die im Mai und im Herbst zu entrichten waren (siehe S. 290r). In der Grafschaft Manderscheid und der Herrschaft Bettenfeld-Meerfeld handelte es sich bei diesen „Pacht-"Zahlungen um die Schaftgelder, welche die Inhaber der Bauernhöfe, die dort meist Schaftgüter waren, bezahlen mussten. Die Begriffe „Maipacht" und „Herbstpacht" werden in der Quelle offenbar synonym für die im Bereich des Herzogtums Luxemburg gebräuchlichen Begriffe „Maischaft" und „Herbstschaft" verwendet.

Daneben flossen weitere Pachtgelder in die gräflichen Kassen. Sie stammten aus dem Pachtzins für den Neuhof oder Zahlungen der Untertanen, die einzelne gräfliche Liegenschaften in Zeitpacht nutzten. Zusätzliche Gelder erhielt das Grafenhaus aus verpachteten Flachszehnten sowie Grundrenten in Lüxem, die dort an den Schultheißen verpachtet worden waren.

Die Verpachtung von Grundabgaben war recht verbreitet. Sie garantierte dem gräflichen Haus regelmäßige monetäre Einnahmen. Die Pächter konnten hingegen die eingezogenen Grundeinkünfte in eigener Regie vermarkten und erzielten dadurch in guten Erntejahren deutliche Gewinne.

Die sonstigen Naturalabgaben und die Fronden wurden im Jahre 1781 ebenfalls in ihrem Geldwert veranschlagt. Das gilt auch für die Weinlieferungen, die der Niedermanderscheider Einnehmer aus Lüxem und von den gräflichen Höfen in Reil und Neef an der Mosel einzog. Die Weinlieferungen hatten einen Wert von über 200 Reichstalern. Aus Lüxem wurden jährlich 5 Fuder Wein angeliefert, und aus Reil und Neef erhielt man gemäß den Aufstellungen des Rechnungsjahres 1779/1780 je 1 Fuder, drei Ohm und 18 ¾ Sester bzw. 5 Ohm und 10 Sester Wein.

Zum Teil wurden Naturalienlieferungen durch Geldzahlungen abgegolten. So ergeben sich weitere Geldeinkünfte aus den Zehnteinnahmen an Honig, Ferkeln, Lämmern, des Weiteren durch den Verkauf von Weidhammeln, einem Schwein, Hühnern, Hähnen, Kapaunen und Eiern, den Einkünften an Brot, Öl, Wein und Eisen sowie aus verschiedenen Einzelzahlungen wie z.B. dem Schutzgeld, das ein in Lüxem ansässiger Jude zahlen musste. Die Einkünfte aus den Getreide- und Weinlieferungen sowie den Geldzahlungen (vgl. S. 291r) betrugen insgesamt 1940 Reichstaler und 35 Albus (16).

In der Grafschaft Manderscheid waren die Einkünfte aus der Forstwirtschaft neben den Einnahmen, die von den Untertanen stammten, für die gräfliche Finanzverwaltung bedeutsam. Die Forsterlöse beliefen sich auf insgesamt 1259 Reichstaler und 24 Albus. Sie ergaben sich vor allem aus den Erlösen von Holzverkäufen aus den Waldungen der Grafschaft und aus dem gräflichen Drittel am Wald Hochscheid bei Eisenschmitt. Kleinere Beträge verbuchte die gräfliche Verwaltung aus Zahlungen für das Holz, das die Untertanen zum Pottaschebrennen verwendeten, sowie den Gebühren für die Eckermast der Schweine im Wald Hochscheid bei Eisenschmitt.

Die Ausgaben

Den Einkünften des Grafenhauses stehen im Jahr 1781 zahlreiche Ausgaben gegenüber. Sie werden in den beiden großen Rubriken zur „Cameral-ausgab" und zur „forst-ausgab" aufgelistet (s. S. 210v). Zu den Ausgabeposten, die vom „Cameralempfang" abzuziehen waren, zählten vor allem die Personalkosten („bestallung"), Kosten für Reparaturen und Instandhaltung („bawmaterialien", für „arbeitsmeisteren", „Kelter reparationen", die Reparatur des Stadtfelder Kirchendachs) sowie die

Ausgaben bzw. Kosten für Verpflegung, die bei der Anlieferung der Grundabgaben gestellt wurde.

Weitere Ausgaben waren Zinszahlungen an den früheren Kammerdiener, das Gnadengehalt für einen Veteranen („heyduck") und die Aufwendungen für die Gottesdienste in der Niedermanderscheider Schlosskapelle. Die Erträge aus der Forstwirtschaft verringerten sich ebenfalls durch die Personalkosten für die Förster und die Grundsteuer, die auf den gräflichen Waldungen lastete und von dem luxemburgischen Landesherrn erhoben wurde.

Die Höhe aller Einnahmen belief sich auf durchschnittlich rund 3200 Reichstaler und die der Ausgaben auf rund 419 Reichstaler. Nach Abzug der Gesamtausgaben von den Gesamteinnahmen blieb ein jährlicher Ertrag von 2781 Reichstalern und 16 Albus. Davon stammten allein rund 1200 Reichstaler aus der Forstwirtschaft, was circa 43 % der Gesamteinkünfte entsprach. Der relative Anteil der Erlöse allein aus den Holzverkäufen war, wenn man ihm die anderen Einzelposten der verschiedenen Einkünfte gegenüberstellt, unter den Gesamteinnahmen sogar der größte.

Der Gesamtertrag

Im „Status generalis", der die Ergebnisse der Ertragsverzeichnisse aus den sternberg-manderscheidischen Herrschaften zusammenfasst, werden die Gesamteinkünfte aus der Grafschaft mit 2781 Reichstaler, 23 Albus und 1 Heller angegeben (siehe S. 309 der Originalquellen). Der kleine Unterschied zum Gesamtwert der Manderscheider Aufstellung ergab sich durch die Umrechnung in den kölnischen Reichstaler. Die Blankenheimer Gesamtübersicht belegt, dass die Manderscheider Erträge mehr als 12 % der jährlichen sternberg-manderscheidischen Gesamteinkünfte ausmachten. Die höchsten Einnahmen verzeichnete das Grafenhaus jeweils in den Grafschaften Gerolstein und Blankenheim, in denen die Untertanen auch die Landessteuern an das Grafenhaus zu entrichten hatten (17).

Die Daten des Manderscheider Ertragsverzeichnisses dürften die sternberg-manderscheidische Verwaltung darin bestärkt haben, die Forstwirtschaft in der Grafschaft noch stärker als bisher zu fördern. Dies sollte durch die flächendeckende und strikte Anwendung der Schlägewirtschaft geschehen. In einem Brief aus der Zeit nach 1780 berichtet der Blankenheimer Forstmeister Kremer von einem entsprechenden Befehl der Gräfin Augusta, der die Einteilung von Holzschlägen in sämtlichen gräflichen

Gebieten anordnete. In dem Brief heißt es auch, dass die Wälder in den Gemeindegemarkungen der Grafschaft Manderscheid schon 1780 durch einen Vermesser in Schläge eingeteilt wurden und Kultivierungsarbeiten auf vernachlässigten Waldflächen hohe Kosten verursachten. Die Bestrebungen des Grafenhauses, eine Ertragssteigerung in der Waldwirtschaft zu erzielen, kollidierten zum Teil mit den alten Ansprüchen der Gemeindebewohner auf den freien Bezug von Bau- und Brennholz. Diese Berechtigungen existierten seit dem Mittelalter. Der Konflikt um die Waldnutzung war in der Grafschaft (Nieder-)Manderscheid somit der Hauptgrund für die zahlreichen Prozesse, die das Grafenhaus mit den Gemeinden führte. In den gerichtlichen Auseinandersetzungen ging es letztlich tendenziell um die Einschränkung der kommunalen Waldnutzungsrechte (18).

Quellenüberlieferung und Editionsgrundsätze

Das Ertragsverzeichnis von 1781 ist im Bestand Sternberg-Manderscheid des Nationalarchivs Prag überliefert und wird in einer Kiste mit der Nummer 160 aufbewahrt. Eine Mikroverfilmung von Teilen des Bestandes wurde zu Beginn der achtziger Jahre des 20. Jahrhunderts durch den Euskirchener Kreisarchivar Otermann angefertigt. Die Mikrofilme sind heute in der Archivberatungsstelle des Landschaftsverbands Rheinland in Brauweiler einsehbar (19).

Zu den auf Mikrofilm festgehaltenen Quellen aus Kiste 160 gehören neben den Erträgnisaufstellungen von 1781 auch die Protokolle über die Huldigungsfeiern für Gräfin Augusta von Sternberg-Manderscheid aus dem Jahre 1780, Berichte über die Lehensverhältnisse in den einzelnen Herrschaften sowie weitere Gutachten und Schreiben aus den Regierungsjahren der Gräfin. Außer für die Grafschaft Manderscheid sind aus dem Jahre 1781 auch die Übersichten zu den Einkünften aus den Herrschaften Bettingen, Dollendorf, Kronenburg, Neuerburg und Oberkail, den Grafschaften Blankenheim und Gerolstein und dem Hof Dusemond überliefert (20).

Als Quelle steht die Manderscheider Liste von 1781 in der Tradition der Güterverzeichnisse und der sogenannten „Renovationen", die seit dem späten Mittelalter in den einzelnen Territorien in unregelmäßiger Folge abgefasst wurden. Diese wurden im 18. Jahrhundert zunehmend durch sogenannte „Beschreibungen" oder als „Status" bezeichnete Übersichten ersetzt. Deren Zielsetzung war oftmals die Ermittlung der tatsächlichen Erträge eines bestimmten Gebietes. Auch das Manderscheider Ertragsverzeichnis ist als ein „Status" angelegt. Mit diesen Übersichten verschafften sich die adligen Inhaber der Territorien jeweils einen aktuellen Überblick über die Wirtschaftlichkeit ihres Besitzes.

In der vorliegenden Textedition werden für die Wiedergabe der Quelle eckige Klammern zur Auflösung der Kürzel des Originals und zur Kennzeichnung von ergänzten Satzzeichen verwendet. Spitze Klammern beziehen sich auf Wörter oder Passagen, die später zum Originaltext hinzugefügt oder dort verbessert wurden. Ansonsten wird die Rechtschreibung von 1780 beibehalten. Lediglich die Zeichensetzung wurde an die heutigen Regeln angepasst. Schrägstriche markieren jeweils den Beginn einer neuen Zeile im Original. Die oberhalb der Tabellen und Quellentexte angegebenen Seitenzahlen entsprechen der Paginierung in den Originaldokumenten. Die Auflistung zur Grafschaft Manderscheid wird im Folgenden in edierter Form wiedergegeben (21).

Quellentexte

Edition der Aufstellung von 1781

S. 290r. /Status aller rhenten und gefellen, forth / allieger ausgaben der grafschafft Mander- / Scheid und einschlagender Orthschafften.

P[er] 54 al[bu]s Cameral Empfang	Mal-d[er]	s[es]-t[e]r	Faß	Rhr	Als	hlr.
Einnahm Korn von erb und temporal pfächten / ertragt	87	7				
Korn von zehnden nach proportion der eilf / lezten rechnungen ein Jahr ins andere	109	4				
Summa Korn	196	11				
Hivon ab die ständige ausgaben bestal- / lungen, almoße, Kirch Bau, beköstigung / der Lieferanten, schrimpf und maußbiß	16	6	2			
bleiben alßo zu verrechnen	180	4	2			
Jedes malter Korn im gemeinen preiß p[er] 4 r[eichst]h[ale]r f[aci]t				721	27	
Einnahm haber von stehenden erb und temporal / pfachten	130		2			
Haber von zehnden ein Jahr ins andere	149	6	2			
Summa einnahm haber	279	7				
Hirvon ab 1 malter bestallung, sodan schrimpf / und maußbiß zusammen	12	1	3			
mithin bleibt haber	267	5	2			
Das malter p[er] 2 r[eichst]h[ale]r angeschlagen f[aci]t				534	47	2
Empfang geld						
Von verpfachteten aisementen samt dahin gehörigen / Frohnen, ausschließlich des Neuhofs pfacht				28	24	
die schloß wacht ist veraccordirt und bringt Jahrs / von lehnen, weil lang keine mehr erhoben worden				24		
Von lehnen, weil lange keine mehr erhoben worden ständiger empfang geld von herbst und Maÿ pfacht, / zinßen, ochßen und schweingeld, moßelfahrten, / Höfen, trockene weinkauf deren zehnden, sodan / pfeffer und stiefelgeld zu Reÿll				144	3	4
[Zusammen:]				1452	47	6

S. 290v.

	rhr.	Als	hlr.
Transport	1452	47	6
abkauf der leibeigenschafft, wein accieß und bienen / fund ein jahr ins ander ausgetragen	9	30	
zehnd honig ein Jahr ins andere 6 l[i]b[ra,] p[er] l[i]b[ra] 4 albuß		24	
Zehnd ferckelen ein jahr ins andere 15 fl[orin,] p[ro] stück 10 al[bu]s	5	15	
flachßzehnd vermög auspfachtungen ein Jahr ins / andere gethan	23	19	
zehnd lämmer in der grafschafft und zu Bleckhausen / ein Jahr ins andere 47 stück[,] das stück 50 al[bu]s taxirt[,] f[aci]t	43	28	
Statfeld und schutz haben wegen lämmer zehnd ein / Jahr ins andere anhero zahlt	1	41	4
Söhne und Töchtern in der grafschafft verzehnden / ihre lämmer Jedes mit 3 al[bu]s und ist hievon ein / Jahr ins andere angangen	4	25	
es erfallen jahrs ständig 66 stück weidhämmel, deren / sind ein Jahr ins andere in natura erhoben worden / 34 stück[,] p[ro] st[üc]k 1 r[eichst]h[ale]r 30 al[bu]s angeschlagen f[aci]t	52	48	
deren sind Jahrs 29 stück zahlt worden p[ro] stück 1 r[eichst]h[ale]r / 18 al[bu]s von jenen, so keine oder nicht lieferhafte / hämmel gehabt. F[aci]t	38	36	
Der Neuhofman liefert 1 schwein von 200 l[i]b[ra], wird taxirt	8		
Von Reÿl und schlaad werden jahrs ständig geliefert 15 quarten öhl Reÿler maaß[,] ungefehr p[ro] q[uart] 18 pet[e]r[männchen]	5		
der hof zu Schutz gibt jahrs 150 eÿer		36	
es erfallen jahrs ständig 114 hühner nach abzug / 1 l[i]b[ra] brodt vom huhn[,] wird das stück geschatzt / 4 ¾ al[bu]s f[aci]t	10	1	4
2 Kapaune		18	
8 Hahnen		24	
auf der Eÿsenschmitt thut das 1/3 Catrinen rhent / und Novialzinßen anhero gegen 2/3 daraus für das hauß Malberg	13	17	5
[Insgesamt:]	1670	33	3

S. 291r.

	rhr.	Als	hlr.
Transport	1670	33	3
Item 1/3 aus den alda erfallenden rhenteißen thut flüßig / und ständig 314 l[i]b[ra] 26 2/3 loth[,] das l[i]b[ra] p[er] 3 schwerer X<u>er</u>	10	26	5
ferner alda 1/3 aus dem Kühe geld wegen der weide / im wald hochscheid ein jahr ins andere	3		
die zu lüxem und Dorff jahrs fallenden geld und / frucht rhenten samt zinß und rauchhüner sind / Successive an lüxember schultheiß verlaßen worden, / und haben ein jahr ins andere gerechnet gethan	42		
die churmuthen alda ein jahr ins andere	5	52	
ein jud zu lüxem gibt schutzgeld	6		
das dorf luxemb muß jahrs ständig geben 5 fuder / wein ad	100		
Reÿl hat vom herbst 1779 bis dahin 1780 gethan 1 fuder / drei ahmen 18 ¾ sester, die ahm p[er] 7 1/3 r[eichst]h[ale]r angeschlagen f[aci]t	70	31	
Von Neef ist nemlicher berechnung nach ein jahr ins / andere eingangen 5 ahm 10 sester wein[,] p[er] ahm / zu 6 r[eichst]h[ale]r angeschlagen f[aci]t	32		
Summa Cameral geld Empfang	1940	35	
<u>Folgt Forst- Empfang geld</u>			
der Neuhofman gibt jahrs von faul oder potasch holtz		48	
der acker auf den büschen in der grafschafft, weil / die unterthanen daselbst darzu berechtiget seÿnd			
das 1/3 acker im wald hochscheid hat bis heran ein / Jahr ins andere gethan	3		
von jagd und fischerei bis hiehin nicht weilen / wildpret und fisch auf Kaÿl geliefert worden			
die bußen und strafen gehen gegen proces Kösten ergo			
die Cameral waldungen in der grafschafft werden / zum Jährlichen ertrag von 500 Klaffteren[,] jede / p[er] 8 Kopstück angeschlagen. F[aci]t	888	48	
das hochgräfliche 1/3 im wald hochscheid zu 200 Klaffter[.] / Jede p[er] ein Kronenthaler f[aci]t	366	36	
Summa Forst Empfang geld	1259	24	
Cameral Empfang	1940	35	
Forst Empfang	1259	24	
Summa alliegen Empfangs	3200	5	

S. 210v.

N[umero] 11

Cameral Ausgab geld p[er] 54 al[bus] trierisch	rhr.	Als	hlr.
an assignirter bestallung	133	18	
an bawmaterialien und arbeitsmeistern	15	26	
herbst-kösten und Kelter reparationen wegen / berechneten weinen	17	48	
zehrungs kösten ein jahr ins andere	22	36	
stattfelder Kirchen dachs reparation		30	7
wein, ostien und licht in der schloß capell	2		
für das ziehl-viehe zu bleckhaußen ein jahr ins ander	3	30	
dem schefer für weidhämmel und zehnd-lämmer / zu erheben zu lohn	1		
fröhner beköstigung		24	
dem alten Kammerdiener Spickernagel werden / von verschiedenen wechßelen die erfallenden Interesse / Jahrs anhero assignirt und thuen	105	35	1 ½
dem alten heyduck jo[do]co mullen Jahrs gnaden / gehalt	20		
proces kösten werden gegen die eingehende straf- / gelder gerechnet ergo			
Summa Cameral ausgab	322	32	½
Folgt forst-ausgab			
des Jäger bestallung	30		
die schatzung von dem in der herschafft meer- und / bettenfeld gelegenen wald Hochscheid und / zehnden /: dan die herschafftliche güter in der / Grafschafft von schatzungs abgabe frey seynd :/ ein Jahr ins andere gethan	66	11	
Summa forstausgab	96	11	
herzu Cameral ausgab	322	32	½
Summa allieger ausgab[en]	418	43	½
der gantze empfang thut	3200	5	
hirvon ab alliege ausgaben	418	43	
Ergo bleibt zur Cassa	2781	16	

Edition des „Status Generalis"

P[er] 78 albuß	R[eichs-t]h[a]l[er]	al[bu]s	h[eller]r
Deßen, was sämtliche Graf=, Herschafften und / Gütern des Hochgräflich-Manderscheidischen / Haußes Ihro Hochgräflichen Excellentz Frau / Gräfin Augusta von Sternberg, jetzt / Regierende Gräfin zu Manderscheid e.c. e.c. / Nach deduction aller ausgaben, /: ausschließlich / desjenigen, was zu wittums deputat und / Hohe geschwisterten Jahrs ausgegeben werden / Soll :/ zur Zeit und alle Jahrs eintragen:			
Grafschafft Blanckenheim und Herschafft / Jünckerath Thun Jahrs	2955	46	1
die Grafschafft Gerolstein	4998	72	4
die Herschafft Dollendorf	848	-	7
die Herschafft Kronenburg	3426	18	-
die Grafschafft Manderscheid	2781	23	1
die Herschafft Kaÿl	1643	76	
der Hof Dousemont	239	39	-
die Herschafft Bettingen	885	68	-
die halbe Herschafft Neuerburg	2896	31	9
Summa	20675	62	10
Hiervon wird abgezogen der Status des / schlosses Blanckenheim und herschafftlichen / Haußes in Köln, weil mehr auslagen / alß empfang hat; ad	291	37	7
alßo ist die hauptsumme reines einkommens	20384	25	3
Ferner hat gnädige Herschafft aus [Wörter gestrichen] <Rips- / dorfischen> und Gerolsteinischen land= / steuer-geldern Nach ausweiß [Wort gestrichen] des / Status jährlichs zu empfangen	1252	43	-
Mithin ist die Hauptsumme	21636	68	3
leztlich kommen noch hinzu die Blancken= / heimischen landsteueren ad	820	40	-
Summa Status generalis	22457	30	3

Quelle: Landschaftsverband Rheinland (LVR), Archivberatungs- und Fortbildungszentrum Brauweiler, Mikrofilm Nationalarchiv Prag, Bestand Sternberg-Manderscheid, Kiste 160, S. 309.

Edition der Umrechnungsliste für Münzen und Maße

Die folgende Übersicht bezieht sich auf den Wert der Währungen, die in den sternberg-manderscheidischen Besitzungen innerhalb des Herzogtums Luxemburg gebräuchlich waren, und die Bemessung der in diesen Gebieten verbreiteten Hohlmaße.

<u>Evaluation deren Geldmünzen und Fruchtmaaßen.</u>

1 R[eichs]th[a]l[e]r thut 78 albus Cöllnisch oder 54 Peterm[ännchen] trierisch.

1 albus Cöllnisch thut 12 Heller

1 Petermengen thut 8 pfenning

1 R[eichs]th[a]l[e]r Luxemburger Wehrung oder 2 Gold=Gülden / Luxemburgisch machen 56 Stüber selbiger Wehrung.

1 Ein Stüber Luxemburgisch macht 12 denarien.

1 Malter Cronenburger Maaß ist 10 Faß.

1 Faß ist 8 Pinten.

1 Ein Malter Cronenburger Maaß macht 1 Malter / 4 Pinten Blankenheimer Maaß.

15 Rader=albus machen ein Schafft=Gülden.

1 Rader=albus macht 12 Rader=Heller[.]

1 Heller macht 4 orth.

1 Rader=Gulden macht 24 albus Rader.

1 Rader=albus macht 24 Heller Cöllnisch, mithin / macht

/n.p./ 1 Rader=Gulden 48 albus Cöllnisch; und

1 Schafft=Gulden 30 albus Cöllnisch.

1 Laub= oder Cronen=Thaler macht 72 Stüber Luxem=/burgisch, oder 1 Reichs Thaler 69 albus 4 Heller / Cöllnisch, nach welchem Fuß die Reduction Lu= / xemburger Müntzen in Cöllnische Wehrung eins=weilen in gegenwärtiger Rechnung gemacht wird.

Quelle: Landschaftsverband Rheinland (LVR), Archivberatungs- und Fortbildungszentrum Brauweiler, Mikrofilm Nationalarchiv Prag, Bestand Sternberg-Manderscheid, Kiste 160, S. 169r – 169v.

Glossar

- **Abkauf der Leibeigenschafft**: Geldzahlung beim Abkauf aus dem Verband der leibeigenen Untertanen, z.B. bei der Heirat in eine benachbarte Herrschaft.

- **Acker**: Bucheckern im Wald, die zur Schweinemast verwendet wurden.

- **ad**: Lateinisch = zu.

- **Ahm**: Ohm = Weinmaß.

- **Aisementen**: Zubehör, Liegenschaften.

- **Albus** (als.): Weißpfennig, ursprünglich mit Silbergehalt.

- **alliege**: alle, sämtliche.

- **Almoße**: Almosen, milde Gaben.

- **angeschlagen**: veranschlagt.

- **anhero**: seither.

- **assignirte**: angezeigte, benannte.

- **Auspfachtungen**: Verpachtungen.

- **Bestallung**: Einstellung und Bezahlung herrschaftlicher Funktionsträger.

- **Bienenfund**: Honig und Wachs von aufgefundenen Bienenstöcken.

- **Büschen**: Wälder.

- **Bußen**: Strafzahlungen.

- **Cameral-Empfang**: Einkünfte der gräflichen Finanzverwaltung bzw. Hofkammer.

- **Cameral-Geld**: Geldeinkünfte der gräflichen Finanzverwaltung.

- **Cameral-Waldungen**: Gräfliche Wälder, die der Forstkammer unterstellt waren.

- **Catrinen-Rhent**: Geldrente der Eisenschmitter Eisenproduzenten, die am St. Katharinentag zu zahlen war.

- **Churmuth** [auch: Kurmut]: Ursprünglich Abgabe des besten Stück Viehs (Besthaupt) beim Tode des Inhabers eines Schaftgutes; wurde am Ende des 18. Jahrhunderts häufig beim Besitzübergang an die nächste Generation in Geld beglichen.

- **Deduction**: Abzug, Subtraktion.

- **ein Jahr ins andere**: alljährlich.

- **einschlagend**: hier gebraucht im Sinne von „zugehörig".

- **Erb-Pfacht**: Pachtzahlung von Erbgütern.

- **ergo**: lat., folglich, somit.

- **Evaluation**: Abschätzung, Schätzung.

- **facit**: lat. = das ergibt, das macht.

- **Faß**: kleines Hohlmaß.

- **Flachßzehnd**: Zehntzahlung von Flachs.

- **Florin**: Gulden.

- **Forst-Empfang**: Einkünfte aus der Forstwirtschaft.

- **Frohnen**: Dienste der Leibeigenen bzw. Untertanen für das gräfliche Haus.

- **Frucht-Rhenten**: aus der Grundherrschaft resultierende Getreidelieferungen an das Grafenhaus.

- **Fröhner**: Frondienst Leistende.

- **Fuder**: Weinfuhre als Maßeinheit.

- **Gefellen**: Abgaben, die aus der Grundherrschaft resultieren.

- **Herbst-Kösten**: hier gebraucht im Sinne von „Erntekosten".

- **Herbst-Pfacht**: Pachtzahlung, die im Herbst nach der Ernte getätigt wurde.

- **Heÿduck**: ehemaliger Soldat der österreichischen Armee.

- **Heller** (hlr.): kleine Währungseinheit, entspricht etwa einem Pfennig.

- **im gemeinen Preiß**: im durchschnittlichen Preis.

- **Kapaun**: kastrierter Masthahn.

- **Kelter-Reparationen**: Reparaturen an den Keltern.

- **Kirch-Bau**: Baumaßnahmen und Reparaturen an Kirchen, deren Patronatsrecht das Grafenhaus besaß.

- **Klaffter**: Raummaß für Holz.

- **Kopstück**: Münze geringeren Werts.

- **Korn**: Roggen.

- **Kronenthaler**: Währungseinheit in den österreichischen Niederlanden seit 1755, die zu 54 Stüber (sols) und 216 Liard berechnet wurde.

- **Kühe-Geld**: Geld, welches eine Gemeinde für die Nutzung der herrschaftlichen Wälder als Weidefläche zahlte. Die Waldweide war weit verbreitet, da es in den Buchenwäldern der Region ausgedehnte Grasflächen gab.

- **Lehnen**: (gräfliche) Lehen(güter).

- **libra**: lat. = Pfund.

- **Loth**: kleines Gewichtsmaß für Eisen und Metall.

- **Malder**: Malter = Hohlmaß für Getreide.

- **Maußbiß**: Verluste an Getreide durch Mäusefraß.

- **Maÿ-Pfacht**: Pachtzahlung, die im Mai geleistet wurde.

- **Moßelfahrten**: im 18. Jahrhundert Gelder, die anstelle von Fuhren zur Mosel gezahlt wurden.

- **nach Proportion**: nach Maßstab, gemäß Anteil.

- **Neuhofman**: der Pächter des Neuhofs bei Pantenburg.

- **Novial-Zinßen**: eine Geldzahlung an das Grafenhaus für die Nutzung einer neu gerodeten Fläche.

- **Ochßen-Geld**: hier wohl Geldzahlung für das Halten von Ochsen.

- **Ostien**: Hostien.

- **per**: lat., zu (umgerechnet).

- **Petermännchen**: kurtrierischer Albus.

- **Potasch-Holtz**: Buchenholz, das für die Gewinnung von Pottasche verwendet wurde.

- **Quart**: kleines Hohlmaß, v.a. für Flüssigkeiten.

- **Rauchhüner**: Abgabe von Hühnern aus einzelnen Haushalten bzw. einzelnen Feuerstätten.

- **Rhenteißen**: Eisenabgabe der Hüttenarbeiter aus Eisenschmitt an die dortigen Grundherren.

- **Rhenten**: Abgaben an den Grundherrn.

- **Reichsthaler** (Rhr.): Wichtigste Währung im Alten Reich, die nach regional unterschiedlichen Münzfüßen berechnet wurde.

- **Schatzung**: Steuer für den Landesherrn.

- **Schrimpf**: Verlust, Schwund; bei Getreide z.B. durch Mäusefraß.

- **Schultheiß**: Vorsteher einer Landgemeinde.

- **Schutzgeld**: Geldzahlung von Juden, die unter gräflichem Schutz standen.

- **Schweingeld**: Geldzahlung für das Austreiben einer Schweineherde in die herrschaftlichen Wälder. Die Schweine wurden dort mit Bucheckern gemästet.

- **Sester** (str.): Hohlmaß.

- **Status**: lat., Beschreibung, (tabellarische) Aufstellung.

- **Stiefelgeld**: Geldzahlung mit dem Charakter einer Aufwandsentschädigung, beispielsweise für Botengänge.

- **successive**: nach und nach.

- **Summa**: Gesamtbetrag, Summe.

- **taxirt**: bewertet (mit), veranschlagt oder besteuert (zu).

- **Temporal-Pfacht**: zeitliches Pachtverhältnis.

- **Transport**: hier = Übertrag von einer Seite zur nächsten.

- **trockener Weinkauf**: Nach einem getätigten größeren Kauf wurde in früheren Zeiten meist Wein getrunken, den der Käufer bezahlte. Später gaben Käufer stattdessen oft ein Geldstück, wodurch sich die Bezeichnung „trocken" erklärt.

- **veraccordirt**: vertraglich überlassen.

- **verlaßen**: verpachtet.

- **vermög**: mittels.

- **Wechßelen**: schriftliche Verpflichtung zur Zahlung einer Summe an den Inhaber der Urkunde.

- **Wein-Accieß**: Abgabe auf den Verkauf von Wein.

- **Wittums-Deputat**: finanzielle Ausstattung der Witwe eines verstorbenen Herrn.

- **Xer** (Kreuzer): Münze im Alten Reich.

- **Zehnden**: anfangs der zehnte Teil der bäuerlichen Abgaben, der zunächst ausschließlich zur Finanzierung des kirchlichen Lebens diente.

- **Zehnd-Ferckelen**: Zehntzahlung von Ferkeln.

- **Zehnd-Honig**: Zehntzahlung von Honig.

- **Zehnd-Lämmer**: Zehntzahlung von Lämmern.

- **Zehrungs-Kösten**: Spesen; Kosten für den Verzehr einer Mahlzeit, die bei der Ablieferung von Grundabgaben gewährt wurde.

- **Ziehl-Viehe**: vermutlich herrschaftliches Vieh, das von Untertanen gehalten wurde.

- **Zinßen**: Abgaben von Zinsgütern.

- **zur Cassa**: in die herrschaftliche bzw. gräfliche Kasse.

Zeittafel

Die Dynasten der Stammgrafschaft Manderscheid im 18. Jahrhundert

1686 – 1721: Graf Karl von Manderscheid-Kail.

1721 – 1742: Graf Wolfgang Heinrich von Manderscheid-Kail.

1742 – 1762: Wittum der Gräfin Maria Anna von Manderscheid-Kail; aufgrund eines Erbvertrags gingen die Kailer Besitzungen nach ihrem Tod an das Haus Manderscheid-Blankenheim über.

1762 – 1772: Graf Johann Wilhelm von Manderscheid-Blankenheim.

1772 – 1780: Graf Franz Joseph von Manderscheid-Blankenheim; nach seinem Tod fand mit dem Übergang der manderscheidischen Territorien an Gräfin Augusta von Sternberg, geb. Gräfin von Manderscheid-Blankenheim, die weibliche Erbfolge statt.

1780 – 1794: Gräfin Augusta von Sternberg-Manderscheid zusammen mit ihrem Gemahl Graf Christian von Sternberg-Manderscheid.

Anmerkungen

1) Die Einzelbesitzungen, die das Grafenhaus außerhalb dieses Gebietes besaß und die ihre Abgaben nach Niedermanderscheid entrichteten, werden in den herrschaftlichen Rechnungen oft ebenfalls als Teil der „Grafschaft Manderscheid" gelistet.

Die Stammgrafschaft (Nieder-)Manderscheid ist nicht zu verwechseln mit dem Gebiet der reichsunmittelbaren Grafschaft Blankenheim bzw. Manderscheid-Blankenheim, deren Hauptort das gleichnamige Städtchen in der nördlichen Eifel war.

2) Gregor BRAND, Augusta Reichsgräfin von Manderscheid-Sternberg. Letzte regierende Gräfin aus dem Haus Manderscheid, in: Eifelzeitung vom 17. Januar 2016; Heinrich NEU, Der letzte Graf von Sternberg-Manderscheid-Blankenheim, Sonderdruck, unpag.; Peter NEU, Die Grafen von Manderscheid – ein historischer Überblick, in: TORUNSKY, Vera, Die Manderscheider. Ausstellungskatalog, Köln 1990, S. 13 – 28, hier S. 27 – 28.

3) Zu den Besitzungen des Hauses Manderscheid innerhalb des Herzogtums Luxemburg gehörten neben der Grafschaft Manderscheid auch die Herrschaften Bettingen, Kronenburg und Oberkail sowie die Hälfte der Herrschaft Neuerburg.

Vgl. dazu Wilhelm FABRICIUS, Erläuterungen zum geschichtlichen Atlas der Rheinprovinz. Einteilung und Entwicklung der Territorien von 1600 – 1794 (= Publikationen der Gesellschaft für rheinische Geschichtskunde, 12), Bonn 1898, S. 22 – 38, sowie die Karte bei Vera TORUNSKY (Red.), Die Manderscheider, S. 214. Die Huldigung des Jahres 1780 in der Grafschaft Manderscheid ist überliefert in LVR, Verfilmung des Bestandes Sternberg-Manderscheid des Nationalarchivs Prag, Kiste 160, S. 44r – 52v.

4) NEU, Der letzte Graf, unpag., TORUNSKY, Manderscheider, S. 191. Siehe dazu auch Aleš CHALUPA, Die Familie der Grafen Sternberg-Manderscheid und ihr Archiv, in: TORUNSKY, Manderscheider, S. 83 – 87.

5) NEU, Der letzte Graf, unpag.; CHALUPA, Familie, a.a.O., S. 83 – 87. Vgl. hierzu auch Willibrord WEINS, Die Grafschaft Manderscheid in der Eifel, Diss. Münster 1921, S. 41 – 43.

6) Vgl. Claus RECH, Die Güterrückgabe an das Haus Sternberg-Manderscheid im Jahr 1814. Ein Blick auf die Vorgänge in der früheren Grafschaft Manderscheid, in: Kreisjahrbuch Bernkastel-Wittlich (2015), hrsg. von der Kreisverwaltung Bernkastel-Wittlich, Monschau 2014, S. 141-144 und 177-181.

7) Zur Geschichte der Stammgrafschaft Manderscheid sei verwiesen auf Siegbert Anton GANSER, Oberkail und Manderscheid. Eine historische Monographie, Trier 1876, sowie als neuere Darstellung die Kapitel der Geschichte der Verbandsgemeinde Manderscheid von Günter HESSE / Wolfgang SCHMITT-KÖLZER, Manderscheid. Geschichte einer Verbandsgemeinde in der südlichen Vulkaneifel, Bernkastel-Kues 1986, S. 108 – 181.

8) CARTE de Cabinet des Pays-Bas autrichiens, levée à l'iniative du comte des Ferraris. Mémoires historiques, chronologiques et oeconomiques sur les 28 feuilles du N[umér]o 10 de la Carte de Cabinet des Païs-Bas autrichiens (Collection histoire, série in 4°, N[umér]o 2), Band 10, Brüssel 1965, S. 64 – 66 (zu Eckfeld) und S. 67 – 71 (zu Laufeld).

9) GERTEN / KREUTZ / RECH, Oberkail, S. 78. Zur Anweisung der Gräfin siehe den Vermerk in der Kronenburger Ertragsaufstellung unter LVR, Verfilmung, a.a.O., S. 286r.

10) FABRICIUS, Erläuterungen, S. 25 und 43; zum Gebiet der Stammgrafschaft siehe HESSE / SCHMITT-KÖLZER, Manderscheid, S. 108; zur Entwicklung des Besitzes der einzelnen Zweige des Hauses Manderscheid seit 1488 vgl. HESSE / SCHMITT-KÖLZER, Manderscheid, S. 129 – 133.

Die zur Ablieferung von Abgaben nach Niedermanderscheid verpflichteten Orte und Höfe außerhalb der Stammgrafschaft lassen sich durch die Nennung in den Manderscheider Rechnungen ermitteln, vgl. z.B. die Rechnungen unter: Herzog von Croy'sches Archiv zu Dülmen (HCAD), Bestand Manderscheid-Blankenheim, 6, Nr. 41.

11) Die Grafschaft Manderscheid war in der Gewerbestatistik dem Distrikt der Zollstation Eisenschmitt zugeordnet. Siehe Philippe MOUREAUX, La statistique industrielle dans les Pays-Bas autrichiens à l'époque de Marie-Thérèse. Documents et cartes, Bd. 2, Commission royale d'histoire (Hrsg.), Brüssel 1981, S. 965 – 969. Die Beschreibung zu den Kartenblättern der Grafschaft Manderscheid ist enthalten in: CARTE de Cabinet, a.a.O.

12) Weiter heißt es, dass sumpfige Flächen nahe den beiden Orten zur Entwässerung und Urbarmachung geeignet seien. Eine ähnliche Bemerkung findet sich zu den Heideflächen im Gebiet um Laufeld. Es heißt, dass die Heiden leicht urbar gemacht werden könnten, da sie sich nur wenig von den benachbarten Flächen unterschieden. Diese Anmerkungen belegen, dass auch die österreichisch-niederländische Verwaltung bemüht war, die Produktivität in ihren Territorien zu steigern. Vgl. CARTE de Cabinet, a.a.O.

13) Zu den Schaftgütern siehe HESSE / SCHMITT-KÖLZER, Manderscheid, S. 148 – 150 und S. 153 – 154 und zur Landwirtschaft vgl. ebd., S. 363 – 371. Die Verwendung der Pottasche als Dünger wird ebd., S. 368, beschrieben; die Gewinnung von Pottasche ist Gegenstand in Claus RECH, Zur Geschichte der Pottascheherstellung im Raum Manderscheid, in: Erich GERTEN / Manfred MORSBACH, Alois MAYER, Die Lieser. Geschichte und Geschichten um einen Eifeler Wasserlauf, Neuerburg 2000, S. 120 - 126. Die Geschichte des Ober- und Niedermanderscheider Wolltuchgewerbes wird behandelt bei HESSE / SCHMITT-KÖLZER, Manderscheid, S. 233 – 245. Siehe hierzu auch MOUREAUX, Statistique, S. 965.

14) Eine Beschreibung der Waldarten findet sich in CARTE de Cabinet, a.a.O. Zur Geschichte der Wälder und der Forstwirtschaft im Raum Manderscheid siehe HESSE / SCHMITT-KÖLZER, Manderscheid, S. 378 – 383.

Die Waldnutzung und die Holzwirtschaft in den Wäldern um Manderscheid und in der Vulkaneifel werden außerdem beschrieben in Werner SCHWIND, Der Eifelwald im Wandel der Jahrhunderte, ausgehend von Untersuchungen in der Vulkaneifel, Düren 1984. Hinweise darauf, dass Holz aus der Umgebung von Manderscheid auch nach Holland verkauft wurde, finden sich in Versteigerungsakten aus der Zeit von 1750 bis 1780 in den Notariatsakten des Eisenschmitter Notars Maurer unter Landeshauptarchiv Koblenz (LHAK), 15, 646.

15) Vgl. die edierte „Evaluation deren Geldmünzen und Fruchtmaßen".

16) Für die Bewohner der Grafschaft Manderscheid waren die Abgaben an das Haus Sternberg-Manderscheid zwar ein großer Posten an finanziellen und materiellen Lasten, die sie, herrührend aus der Grundherrschaft, zu schultern hatten.

Diese Leistungen und Zahlungen waren für sie aber nicht die einzigen Belastungen. Hinzu kamen nämlich noch andere Verpflichtungen, wie etwa weitere Zehntzahlungen an die Kirche. Diese zusätzlichen Leistungen werden in der Aufstellung von 1781 nicht genannt. Außerdem macht die Übersicht keinerlei Angaben über die Höhe der Steuern, die die Untertanen zusätzlich an den jeweiligen Landesherrn in Luxemburg und in Kurtrier entrichten mussten. Die Gesamtbelastung durch Abgaben und Zahlungen war für die Einwohner der Grafschaft jedenfalls noch deutlich höher, als aus der sternberg-manderscheidischen Aufstellung hervorgeht.

17) Vgl. die Edition des „Status generalis".

18) Außerdem deuten die zahlreichen Ertragsaufstellungen, die in der Regierungszeit Augustas eigens für die gräflichen Waldungen angefertigt wurden, auf den hohen Stellenwert der Holzproduktion. Sie sind unter Landschaftsverband Rheinland (LVR), Archivberatungs- und Fortbildungszentrum Brauweiler, Mikrofilm Nationalarchiv Prag, Bestand Sternberg-Manderscheid, Kiste 160, überliefert. Das Schreiben des Forstmeisters Kremer befindet sich als Abschrift in: Herzog von Croy'sches Archiv zu Dülmen (HCAD), Bestand Manderscheid-Blankenheim, 6, 36 (4). Ausführliche Darlegungen zur manderscheidischen Forstwirtschaft finden sich ferner bei Werner SCHWIND, Der Eifelwald im Wandel der Jahrhunderte, ausgehend von Untersuchungen in der Vulkaneifel, Düren 1984, passim.

19) Aleš CHALUPA, Karl OTERMANN, Archiv der Grafen von Sternberg. Akten im Archiv des Nationalmuseums Prag, Euskirchen und Prag, maschinenschriftlich, ohne Jahresangabe, Einleitung.

20) DIES., a.a.O., Einleitung.

21) Mein herzlicher Dank für die Durchsicht des Manuskriptes gilt einmal mehr Herrn Georg Bechthold, Frau Elke Bock M. A., Herrn Willi Fink sowie Herrn Ralf Wolf (Wolf-Medienservice).

Nachweise

Quellen

Landschaftsverband Rheinland (LVR), Archivberatungs- und Fortbildungszentrum Brauweiler, Mikrofilm Nationalarchiv Prag, Bestand Sternberg-Manderscheid, Kiste 160.

- Status der Erträgnisse in der Grafschaft Manderscheid

- Evaluation deren Geldsorten und Fruchtmaßen

- Status Generalis

Literatur

BRAND, Gregor, Augusta Reichsgräfin von Manderscheid-Sternberg. Letzte regierende Gräfin aus dem Haus Manderscheid, in: Eifelzeitung vom 17. Januar 2016.

CARTE de Cabinet des Pays-Bas autrichiens, levée à l'iniative du comte des Ferraris. Mémoires historiques, chronologiques et oeconomiques sur les 28 feuilles du N[uméro] 10 de la Carte de Cabinet des Païs-Bas autrichiens (Collection histoire, série in 4°, N[umér]o 2), Band 10, Brüssel 1965.

CHALUPA, Aleš, OTERMANN, Karl, Archiv der Grafen von Sternberg. Akten im Archiv des Nationalmuseums Prag, Euskirchen und Prag, ohne Jahresangabe.

FABRICIUS, Wilhelm, Erläuterungen zum geschichtlichen Atlas der Rheinprovinz. Die Karte von 1789. Einteilung und Entwicklung der Territorien von 1600 – 1794 (= Publikationen der Gesellschaft für rheinische Geschichtskunde, 12), Bonn 1898, Nachdruck, Bonn 1965.

GANSER, Siegbert Anton, Manderscheid und Oberkail. Eine historische Monographie, Trier 1876.

GERTEN, Erich, KREUTZ, Jörg, RECH, Claus, Oberkail. Geschichte eines Dorfes in der südlichen Eifel, Neuerburg 2001.

HABERKERN, Eugen, WALLACH, Joseph Friedrich, Hilfswörterbuch für Historiker. Mittelalter und Neuzeit (= UTB, 119), 2 Bde., 7. Auflage, Tübingen 1987.

HECK, Johann, Familienbuch Laufeld mit den Orten Eckfeld, Niedermanderscheid, Oberöfflingen, Pantenburg, Schladt, Walscheid 1694 – 1807, Band 1, Ausgabe 2, [Düsseldorf] 1999.

HESSE, Günter/SCHMIDT-KÖLZER, Wolfgang, Manderscheid. Geschichte einer Verbandsgemeinde in der südlichen Vulkaneifel, herausgegeben von der Verbandsgemeinde Manderscheid, Bernkastel-Kues 1986.

MOUREAUX, Philippe, La statistique industrielle dans les Pays-Bas autrichiens à l'époque de Marie-Thérèse. Documents et cartes, Bd. 2, Commission royale d'histoire (Hrsg.), Brüssel 1981.

NEU, Heinrich, Der letzte Graf von Sternberg-Manderscheid-Blankenheim. Ein Lebensbild des Grafen Franz Joseph von Sternberg, Sonderdruck, unpag., ursprünglich erschienen in: Heimatkalender Schleiden 1958.

NEU, Peter, Geschichte und Struktur der Eifelterritorien des Hauses Manderscheid vornehmlich im 15. und 16. Jahrhundert (= Rheinisches Archiv. Veröffentlichungen des Instituts für geschichtliche Landeskunde der Rheinlande an der Universität Bonn, 80), Bonn 1972.

NEU, Peter, Die Grafen von Manderscheid – ein historischer Überblick, in: TORUNSKY, Vera, Die Manderscheider, a.a.O., S. 13 – 28.

OEHMS, Karl, Bürger- und Familienbuch Manderscheid / Eifel: 1600 – 1902, hrsg. von der Westdeutschen Gesellschaft für Familienkunde (=Veröffentlichungen der Westdeutschen Gesellschaft für Familienkunde, [N.F.,] 281; zugleich: Deutsche Ortssippenbücher, 00.686), Köln 2012.

RECH, Claus, Die Güterrückgabe an das Haus Sternberg-Manderscheid im Jahr 1814. Ein Blick auf die Vorgänge in der früheren Grafschaft Manderscheid, in: Kreisjahrbuch Bernkastel-Wittlich (2015), hrsg. von der Kreisverwaltung Bernkastel-Wittlich, Monschau 2014, S. 141-144 und 177-181.

SCHWIND, Werner, Der Eifelwald im Wandel der Jahrhunderte, ausgehend von Untersuchungen in der Vulkaneifel, Düren 1984.

TORUNSKY, Vera (Red.), Die Manderscheider. Eine Eifeler Adelsfamilie: Herrschaft, Wirtschaft, Kultur. Ausstellungskatalog, Köln 1990.

WACKENRODER, Ernst, Die Kunstdenkmäler des Kreises Wittlich (= Kunstdenkmäler der Rheinprovinz 12.4), Düsseldorf 1934, Neudruck Trier 1982.

WEINS, Willibrord, Manderscheid. Bilder aus der Vergangenheit des Landes und Adelsgeschlechtes (Neue Beiträge zur rheinischen Geschichte, Heft 1), Wittlich 1926.

WEINS, Willibrord, Die Grafschaft Manderscheid in der Eifel, Diss. Münster 1921.

Abbildungen

Claus Rech:

- Burgruine Niedermanderscheid (Titelbild)

- Tabellengestaltung gemäß den historischen Vorlagen

Die Reihe A der „Quellen zur Eifeler Geschichte" widmet sich den sternberg-manderscheidischen Ertragsverzeichnissen des Jahres 1781. Editionen dieser geschichtlich interessanten Dokumente sind bislang für die Herrschaften Bettingen, Oberkail, Kronenburg und Neuerburg erschienen. Die Titel lauten:

Rech, Claus, Die Herrschaft **Oberkail** und ihre Erträge um 1780. Edition einer Aufstellung der sternberg-manderscheidischen Verwaltung (= Quellen zur Eifeler Geschichte. Reihe A, 1), Norderstedt 2016.

Rech, Claus, Die Herrschaft **Bettingen** an der Prüm und ihre Erträge um 1780. Edition einer Aufstellung der sternberg-manderscheidischen Verwaltung (= Quellen zur Eifeler Geschichte. Reihe A, 2), hrsg. vom Förderkreis Bettinger Geschichte e.V., Norderstedt 2016.

Rech, Claus, Die „halbe" Herrschaft **Neuerburg** und ihre Erträge um 1780. Edition einer Aufstellung der sternberg-manderscheidischen Verwaltung (= Quellen zur Eifeler Geschichte. Reihe A, 3), Norderstedt 2016.

Rech, Claus, Die Herrschaft **Kronenburg** in der Eifel und ihre Erträge um 1780. Edition einer Aufstellung der sternberg-manderscheidischen Verwaltung (= Quellen zur Eifeler Geschichte. Reihe A, 4), Norderstedt 2016.